Inhalt

Teilzeitarbeit als Kriseninstrument

Kernthesen

Beitrag

Fallbeispiele

Weiterführende Literatur

Impressum

GENIOS WirtschaftsWissen Nr. 11/2002 vom 12.11.2002

Teilzeitarbeit als Kriseninstrument

M.Reiner

Kernthesen

- Immer mehr Firmen nutzen verschiedene Teilzeitmodelle als Instrument zur Krisenbewältigung. (1)
- Mit Teilzeitarbeit können Unternehmer Personalkosten senken, Stellenstreichungen vermeiden und außerdem die Mitarbeitermotivation und -bindung erhöhen. (2), (4)
- Unternehmen, die vorsorgen und Teilzeitarbeit in ihren Betrieben einführen, haben in Krisenjahren bessere Chancen, auf die Marktanforderungen flexibel zu reagieren. (2)

Beitrag

In Deutschland steigt die Zahl der Teilzeitbeschäftigten zunehmend. Ein Grund dafür ist sicherlich die gesetzliche Neuregelung zur Teilzeitarbeit, die im Jahr 2001 in Kraft getreten ist und jedem Angestellten ein Recht auf Teilzeitarbeit gewährt. Aber auch immer mehr Unternehmer erkennen für sich den Nutzen einer flexiblen Arbeitszeitenregelung und setzen sie als Instrument zur Krisenbewältigung ein.

Entwicklung

Zu Beginn der 90ger Jahre waren nur 14 Prozent der Arbeitnehmer in Teilzeit beschäftigt. Heute sind es gut 20 Prozent. Die höchste Quote haben Frauen. Unter den weiblichen Beschäftigten arbeiten 40 Prozent in Teilzeit. Bei Männern liegt der Anteil hingegen nur bei 5 Prozent. Allein in den ersten neuen Monaten des Jahrs 2001 haben in Deutschland 85.000 Angestellte einen Antrag auf Teilzeitarbeit gestellt. (1)

Vorteile der Teilzeitarbeit

Kosteneinsparungen und Vermeidung von Personalabbau

Gerade in schwierigen Zeiten kann Teilzeitarbeit als ein sinnvolles Instrument zur Krisenbewältigung dienen. Arbeitgeber können dadurch Gehaltskosten senken und zugleich einen Stellenabbau vermeiden. Außerdem sparen sie sich die Mühen und Kosten einer neuen Akquisition in besseren Zeiten und den damit verbundenen Kampf um die Talente. (2)

Nach einer Umfrage der Bundesanstalt für Arbeit konnten im Jahr 2001 50 Prozent der Unternehmen, die Arbeitszeitverkürzungen vereinbart hatten, einen Personalabbau vermeiden. Teilweise wurden sogar zusätzliche Mitarbeiter eingestellt oder die Arbeitszeit von anderen Teilzeitkräften erhöht. (1)

Erhöhte Produktivität und Mitarbeiterzufriedenheit

Nach Meinungen von Experten arbeiten

Teilzeitbeschäftigte effizienter, da sie erholter an ihre Arbeit herangehen. So haben 50 Prozent der befragten Betriebe eine erhöhte Produktivität durch Teilzeitarbeit verzeichnet. (1)

Ein Großteil der Bevölkerung hat den Wunsch, für einige Zeit aus dem Berufsleben auszuscheiden oder mehr Zeit mit der Familie zu verbringen. Dies gilt vor allem für Frauen, die Beruf und Familie unter einen Hut bekommen müssen. Mit Teilzeitarbeit können solche Wünsche berücksichtigt und so die Mitarbeiterzufriedenheit und -bindung erhöht werden.

Teilzeit-Modelle

Arbeitszeitenkonten bzw. klassisches Sabbatical

Bei diesem Teilzeitmodell arbeitet der Angestellte weiterhin in Vollzeit und spart sein Zeitguthaben auf einem Arbeitszeitenkonto an. Je nach Sparguthaben besteht dann für den Angestellten beispielsweise die Möglichkeit einen längeren Urlaub anzutreten, sich weiterzubilden oder vorzeitig in Rente zu gehen.

Krisen-Sabbatical

War das klassische Auszeitjahr früher vor allem für überarbeitete Führungskräfte gedacht, nutzen inzwischen zahlreiche Unternehmen das sogenannte Krisen-Sabbatical für Planstellen, die von Entlassungen bedroht sind. Hierbei wird der Angestellte für einen befristeten Zeitraum von der Arbeit freigestellt. Im Gegensatz zum klassischen Sabbatical, bei dem der Arbeitnehmer Arbeitszeit anspart, erhält hier der Arbeitnehmer unbezahlten Urlaub und eine finanzielle Entschädigung. Diese kann z. B. zwischen 25 und 50 Prozent des entgangenen Gehalts betragen.
Der finanzielle Vorteil für das Unternehmen liegt darin, dass es hohe Kosten für Entlassung und später für eine Neurekrutierung und Einarbeitung einsparen kann. Ein Krisen-Sabbatical kann innerhalb von vier bis acht Wochen umgesetzt werden. (2), (8)

Job-Sharing

Eine weitere Alternative, Personalkosten einzusparen und Entlassungen zu vermeiden, ist das Job-Sharing. Indem sich zwei Angestellte einen Arbeitsplatz teilen, ist die Stelle weiterhin vollzeitig besetzt. Die

Arbeitnehmer arbeiten jedoch Teilzeit. Vor allem für berufstätige Mütter ist dies ein geeignetes Modell, um Familie und Beruf in Einklang zu bringen und sie an das Unternehmen zu binden. (3)

Neben diesen Methoden der Arbeitszeitenverkürzung gibt es noch andere Modelle wie z. B. die gängige 3-Tage-Woche (3). Im Prinzip kann jedoch jeder Angestellte und Arbeitgeber ein für sich passendes Teilzeitmodell konzipieren.

Worauf müssen Angestellte und Unternehmer achten?

Bei allen Modellen ist es wichtig, dass der Arbeitnehmer motiviert in seine Teilzeit geht und der Arbeitgeber ihm die Notwendigkeit dieser Teilzeit für sein eigenes Wohl und das des Unternehmens klar kommuniziert. (2)

Für ein Krisen-Sabbatical sollte man sich nur dann entscheiden, wenn man von einer zeitlich begrenzten Krise ausgehen kann. Ansonsten macht diese Art der Teilzeit wenig Sinn. (2)

Da Geldeinbußen viele Angestellte von einer

Teilzeitarbeit abschrecken, sollte sichergestellt werden, dass im Falle einer späteren Kündigung keine finanziellen Nachteile für den Mitarbeiter entstehen. Mit dem örtlichen Arbeitsamt können Regelungen getroffen werden, die sicherstellen, dass die Bemessungsgrundlage für das Arbeitslosengeld erweitert wird. (2)

Um dem Mitarbeiter Anreize für eine Umstellung von Voll- auf Teilzeitarbeit zu geben, können z. B. ein anteilig höheres Gehalt, Überstundenzuschläge oder Teilzeitprämien vereinbart werden. (7)

Fallbeispiele

Sabbaticals geben die Chance, Mitarbeiter an das Unternehmen zu binden und Personalinvestitionen auch längerfristig zu nutzen. Siemens hat ein Time-out-Programm eingeführt, bei dem die Mitarbeiter 3 bis 12 Monate Auszeit nehmen können. (2)

Mit der Einführung von Kurzzeitarbeit will das Unternehmen SinnerSchrader einen sechsstelligen Euro-Betrag einsparen. Auch die BBDO Group Germany in Düsseldorf hat bekannt gegeben, dass sie aufgrund sinkender Kundenbudgets ihre Personalkosten durch Teilzeit, Sabbaticals oder zeitlich begrenzten Gehaltsverzicht reduzieren will. (9)

Durch das Job-Sharing von zwei Müttern in einer Führungsposition kann das Sozial- und Jugendamt in Schwalbach 25.000 Euro Personalkosten im Jahr einsparen. (4)

86 Stadtsparkassen in Westfalen konnten aufgrund vermehrter Teilzeitarbeit einen Personalabbau verhindern und Kosten einsparen. Von 32.000 Mitarbeitern sind mittlerweile 7.189 teilzeitbeschäftigt.

Sechs Teilzeitmodelle bietet die Kölner Stadtsparkasse ihren Mitarbeitern an. Damit konnten bisher 60 Prozent der Frauen nach dem Mutterschutz für das Unternehmen zurückgewonnen werden.

Damit ein Angestellter rechtlichen Anspruch auf Teilzeitarbeit wirksam machen kann, müssen bestimmte Voraussetzungen erfüllt sein.

Variable Arbeitszeiten und Teilzeitarbeit sind inzwischen Standard bei der Unternehmensberatung Booz Allen Hamilton. Ein Vorbild dafür, wie die 3-Tage-Woche einer berufstätigen Mutter in einer Führungsposition gestaltet und organisiert werden muss, ist Claudia Stab. Sie ist seit zwei Jahren Partnerin bei der Unternehmensberatung Booz Allen Hamilton und zugleich Mutter von zwei Kindern. (3)

Zwischen 1998 und 2001 ist der Anteil an Unternehmen, die Arbeitszeitkonten anbieten, um fast 50 Prozent gestiegen. Das entspricht 29 Prozent der deutschen Betriebe.

Für von Entlassungen bedrohte Mitarbeiter hat die Commerzbank unbezahlte Langzeiturlaube von ein bis zwei Jahren eingeführt. Außerdem gibt es eine Regelung zur kollektiven Reduzierung der Arbeitszeit. Hierbei können Angestellte einzelner Abteilungen untereinander absprechen, wie der Abbau pro Kopf und zu welchen Anteilen aussehen soll. (2)

Sämtliche Fragen zum Thema Teilzeit werden vom Bundesarbeitsministerium kostenlos über Tel.: 0800-15 15 15 3 Montags bis Donnerstags von 8 bis 20.00 beantwortet. Außerdem können über Tel.: 0800-51 51 51 0 die Broschüren Teilzeit alles was Recht ist und Teilzeit Neue Perspektiven. Menschen Motive - Modelle bestellt werden.

Eine kostenlose CD zur Berechnung des erwarteten Gehalts beim Übergang in eine Teilzeitstelle oder in Altersteilzeit hat das Bundesministerium für Arbeit herausgegeben. Die CD kann online bei dem

Ministerium bestellt werden. (5)

Weiterführende Literatur

(1) Beise, Marc, Das Zitat. Das Teilzeitgesetz greift. Es entlastet den Arbeitsmarkt, Süddeutsche Zeitung vom 08.10.2002, Ausgabe Deutschland, Seite 20
aus Die Welt, Jg. 52, 03.09.2002, Nr. 205, S. 37

(2) Steuermodell im schweren Wind
aus HORIZONT 33 vom 15.08.2002 Seite 035

(3) Entspannt im Stress attraktive arbeitgeber - Serie Attraktive Arbeitgeber: Booz Allen Hamilton Was macht einen attraktiven Arbeitgeber aus? Zehn Kriterien hat die Financial Times Deutschland gemeinsam mit Personalberatern herausgefiltert. Im letzten Teil unserer Serie geht es um Arbeitsformen, die eine individuelle Zeiteinteilung ermöglichen. Booz Allen Hamilton gilt hier als Vorbild.
aus FTD Financial Times Deutschland vom 20.09.2002, Seite 38

(4) Profilierung im Doppelpack Eine nicht alltägliche Arbeitsstelle: Gabriele Straka und Brigitte Wegner teilen sich eine Führungsposition / Flexible Gestaltung der Arbeitszeit
aus Frankfurter Rundschau v. 27.08.2002, S.29

(5) CD zur Teilzeit und Altersteilzeit, Lebensmittel

Zeitung Nr. 32 vom 09.08.2002, Seite 041
aus Frankfurter Rundschau v. 27.08.2002, S.29

(6) CD zur Teilzeit und Altersteilzeit
aus Lebensmittel Zeitung 32 vom 09.08.2002 Seite 041

(7) BA gibt gute Noten für Teilzeitgesetz
aus Frankfurter Allgemeine Zeitung, 08.10.2002, Nr. 233, S. 14

(8) Teilzeit- und Befristungsgesetz Auch Chefs können Halbtagsjobs machen
aus Frankfurter Rundschau v. 10.08.2002, S.35

(9) Rothfuß, Dorothee, Der Rotstift bleibt aktiv, werben & verkaufen Nr. 37 vom 13.09.2002, Seite B06
aus Frankfurter Rundschau v. 10.08.2002, S.35

Impressum

Teilzeitarbeit als Kriseninstrument

Bibliografische Information der deutschen Nationalbibliothek

Die Deutsche Nationalbibliothek verzeichnet diese Publikation in der deutschen Nationalbibliografie; detaillierte bibliografische Daten sind im Internet über http://dnb.d-nb.de abrufbar.

ISBN: 978-3-7379-1005-7

© 2015 GBI-Genios Deutsche Wirtschaftsdatenbank GmbH, Freischützstraße 96, 81927 München, www.genios.de

Alle Rechte vorbehalten. Dieses Werk ist einschließlich aller seiner Teile – z.B. Texte, Tabellen und Grafiken - urheberrechtlich geschützt. Jede Verwertung außerhalb der Grenzen des Urheberrechtsgesetzes bedarf der vorherigen Zustimmung des Verlags. Dies gilt insbesondere auch für auszugsweise Nachdrucke, fotomechanische Vervielfältigungen (Fotokopie/Mikroskopie), Übersetzungen, Auswertungen durch Datenbanken oder ähnliche Einrichtungen und die Einspeicherung und Verarbeitung in elektronischen Systemen.